AF250699

SOUVENIR

D'UNE MESSE

CÉLÉBRÉE

En l'Église Saint-Nicolas de Beaune

Pour les soldats morts et les soldats vivants

DU 16ᵐᵉ RÉGIMENT DE CHASSEURS

Le 22 Juin 1893

BEAUNE

IMPRIMERIE ARTHUR BATAULT

1893

SOUVENIR D'UNE MESSE

CÉLÉBRÉE

En l'Église Saint-Nicolas de Beaune

Pour les soldats morts et les soldats vivants

DU 16ME RÉGIMENT DE CHASSEURS

Le 22 Juin 1893

BEAUNE

IMPRIMERIE ARTHUR BATAULT

1893

SOUVENIR
D'UNE MESSE

CÉLÉBRÉE

En l'Église Saint-Nicolas de Beaune

Pour les soldats morts et les soldats vivants

DU 16me RÉGIMENT DE CHASSEURS

Le 22 Juin 1893

Le 22 juin 1893, l'église de St-Nicolas de Beaune offrait un spectacle inaccoutumé.

Une messe y était célébrée en l'honneur de Saint Georges, patron des cavaliers, pour les soldats morts et les soldats vivants du 16e régiment de Chasseurs.

Aux quatre piliers du transept, étaient placés des faisceaux de drapeaux tricolores.

Des oriflammes bleu de ciel, sur lesquelles on lisait en lettres d'or le nom et la date des victoires remportées par le régiment, ainsi que la devise : Honneur et Patrie, flottaient aux piliers de la nef et du sanctuaire.

Deux autres bannières également bleu de ciel, voilées d'un crêpe, surmontaient le maître-autel. Elles portaient, en lettres noires :

« A la mémoire des soldats morts au champ

d'honneur. — Seigneur Jésus, donnez-leur le repos éternel. »

La statue de Saint Georges terrassant le dragon, placée au milieu du sanctuaire, était encadrée dans un massif de fleurs et de verdure.

Habituée à pleurer, parce que les hommes de la génération présente ne viennent plus à ses solennités, la vieille église était, ce jour là, radieuse et souriante.

Il lui semblait voir revivre ces siècles de ferveur, où, chaque dimanche, se pressaient dans son enceinte les vignerons aux bras vigoureux et à la foi robuste.

Ce n'était pas le même uniforme ; le dolman remplaçait la blouse, mais c'étaient les mêmes cœurs qui battaient dessous, des cœurs de braves.

Le sanctuaire était occupé par les officiers du Régiment, presque tous fidèles au rendez-vous, et par quelques prêtres, amis des soldats.

Le R. P. Chocarne, des Frères prêcheurs, MM. les aumôniers du Carmel, du Saint-Cœur de Marie et de la Charité, M. l'abbé Coldre, aumônier militaire de la garnison de Dijon, avaient voulu, par leur présence à cette cérémonie, donner un témoignage de sympathie à nos braves militaires.

Ils étaient bien l'un à côté de l'autre, ces deux uniformes, symboles du dévouement : la soutane du prêtre et le dolman du Chasseur.

La nef de l'église était remplie de cavaliers et de sous-officiers venus nombreux et obéissant non pas à la consigne qui, par respect pour la liberté de conscience, reste muette en ces circonstances, mais à l'impulsion de leur foi.

Les places les plus rapprochées du sanctuaire étaient occupées par les familles des officiers.

Une messe basse, pendant laquelle des voix exercées firent entendre le *Credo* et quelques autres chants religieux, fut célébrée par M. l'abbé Renaudin, curé de la paroisse et aumônier de la garnison.

Après l'Evangile, le célébrant, adressant la parole à ce sympathique auditoire, lui parla de la Triple-Alliance des vertus chrétiennes et des vertus militaires, de la croix et du drapeau, du prêtre et du soldat.

Le saint sacrifice s'acheva dans la prière et le recueillement.

Qu'ils étaient beaux à contempler ces braves à genoux, inclinés sous la bénédiction de Dieu !

En résumé cette journée fut pour tous, je le sais, comme un jour du Ciel, comme un de ces jours dont on garde longtemps le souvenir.

Puisse ce bel exemple être compris d'un grand nombre d'hommes qui ne connaissent plus le chemin de l'Eglise !

Baptisés, ils n'ont pas rompu ouvertement le pacte qui les lie au Christ ; ils adorent encore le Seigneur dans le secret de leur cœur, et s'ils ne viennent plus dans son temple lui rendre les hommages publics qui lui sont dus, c'est uniquement par respect humain ou par suite de l'habitude.

Qu'ils reviennent à l'Eglise de leur baptême et de leur première communion !

C'est le vœu du pasteur, c'est sa prière de tous les jours, c'est le plus cher désir de son cœur !

S. RENAUDIN,

Curé de Saint-Nicolas, aumônier de la garnison.

ALLOCUTION

Adressée aux soldats du 16me régiment de Chasseurs

C'est pour vous, pour vos familles, pour tous vos frères d'armes tombés au champ d'honneur, que je célèbre le saint sacrifice aujourd'hui.

Occasion pour moi bien précieuse de payer une partie de ma dette de reconnaissance à l'armée française : occasion pour vous de retremper vos armes dans le souvenir des héroïsmes qui ont illustré votre étendard.

Chaque année, je serai fier et heureux de renouveler cette cérémonie et de rendre, avec vous, les honneurs divins à St-Georges, votre illustre patron, qui fut à la fois un grand saint et un vaillant capitaine. Vous serez fidèles, je l'espère, à ce rendez-vous de tous les ans, et vous donnerez ainsi un magnifique exemple ; car il est toujours beau de voir un soldat s'agenouiller devant Dieu, et le drapeau s'incliner devant la croix. De la sorte encore, vous contribuerez à détruire un déplorable préjugé qui consiste à regarder comme impossibles *certaines alliances* fondées cependant sur la nature même des choses : *alliance des vertus chrétiennes et des vertus militaires ; alliance de la croix et du drapeau; alliance du prêtre et du soldat.*

I. — *Saint et soldat !* Est-ce que ces deux mots ne paraissent pas, à première vue, devoir s'exclure réciproquement ? N'est-il pas vrai qu'on regarde communément la sainteté comme une fleur du cloître qui ne saurait germer et s'épanouir dans les camps ?

Erreur profonde ! Loin d'être incompatibles, la pratique des vertus chrétiennes et la pratique des vertus militaires se prêtent un mutuel et puissant concours.

La sainteté du moine n'est pas assurément la même que celle du soldat. Le moine a ses devoirs ; le soldat

8

a les siens. L'un et l'autre seront saints, s'ils observent
fidèlement ces devoirs.

Je l'avoue sans peine : les milieux où s'écoulent
l'existence du moine et l'existence du soldat, le cloître
et la caserne, ne sont pas également favorables à l'épanouissement de la sainteté.

Le cloître c'est le silence, la solitude, la prière inin-
terrompue, les conversations angéliques.

La caserne c'est le bruit, l'agitation fièvreuse, le
blasphème, les propos hasardés.

Mais, dans le fond, quelle analogie entre la vie militaire et la vie chrétienne dont la vie religieuse n'est
que le complet épanouissement.

Qu'est-ce en effet que la vie du soldat, sinon une
vie de discipline, d'obéissance, d'abnégation, de bra-
voure, d'intrépidité, de fermeté, de constance et d'héroïsme !

Or, la vie chrétienne n'est pas autre chose. Au
soldat qui pratique parfaitement les vertus militaires,
il ne manque, pour être un saint, que la foi et l'amour
de Dieu.

Le tempérament du chrétien est essentiellement un
tempérament de soldat, et le tempérament du soldat
est essentiellement un tempérament de chrétien. Quand
on creuse au fond de la vie chrétienne et de la vie militaire, on rencontre toujours *l'énergie*, cette vertu
maîtresse sans laquelle il ne saurait y avoir ni sainteté,
ni héroïsme.

Formé à l'école de l'obéissance, rompu à la discipline, habitué à l'austérité, le soldat se trouve donc
merveilleusement préparé à la pratique des vertus qui
font les saints ; tandis que le chrétien, élevé à l'école
de Jésus-Christ est admirablement disposé à la pratique
des vertus qui font les héros.

Dans son livre sur les principes de la stratégie, le
général Berthaut a écrit ces paroles : « Quelles que
soient l'habileté technique et la vigueur physique que
l'on ait développées chez les soldats, on n'aura pas
créé une véritable force, si on ne leur a pas donné en

même temps l'énergie nécessaire pour marcher résolument en avant sous le feu de l'ennemi.

« Une armée est beaucoup plus puissante par sa force morale que par sa force réelle. Or, de tous les sentiments qui élèvent le cœur de l'homme, le plus puissant est incontestablement le sentiment religieux. »

Paroles profondément vraies, et qui reviennent à celles prononcées par un maréchal de France le lendemain de la bataille de Sébastopol. « Je ne crois pas qu'on ait jamais vu une armée dominée ainsi par le sentiment du devoir, et lorsqu'on creusait au fond de ce sentiment, on y trouvait le christianisme. »

Sans doute l'habileté technique et la vigueur physique contribuent à faire le bon soldat ; mais cela ne suffit pas généralement.

Pour être constamment fidèle à la consigne et mourir en héros, il faut au soldat un triple sentiment merveilleusement développé en lui par la religion : l'amour du devoir, l'espérance chrétienne et le dévouement à la Patrie.

Le soldat chrétien accomplit avec amour et par conséquent avec conscience sa tâche si difficile de tous les jours, parcequ'il la sait imposée par Dieu.

Le soldat chrétien, aux jours du danger se résigne plus facilement à faire le sacrifice de sa vie parce qu'il espère, par delà la tombe, une vie meilleure.

Le soldat chrétien, parce qu'il aime passionnément sa Patrie, sera toujours fier et heureux de lui donner son sang.

Messieurs, je viens de prononcer un grand mot : l'amour de la Patrie.

L'amour de la Patrie n'est pas assurément le monopole du chrétien, c'est le bien commun de tous. C'est un fruit spontané du cœur : c'est un sentiment intime que Dieu y a déposé en le créant et qui le fait entrer en communion avec la Patrie, l'associe à ses joies et à ses tristesses, le fait frémir quand on l'outrage, chanter dans ses triomphes, pleurer sur ses défaites. Dans le cœur du chrétien, néanmoins, ce sentiment acquiert une puissance supérieure, parce qu'il y est non seulement le fruit spontané de la nature, mais l'œuvre de la grâce.

La théologie met l'amour de la Patrie au nombre des vertus morales. De l'amour des parents et de l'amour de la Patrie, elle ne fait qu'une seule et même vertu, parce qu'elle regarde la Patrie comme une mère, et qu'elle demande, pour elle le même dévouement qu'elle exige des enfants pour leur mère, le dévouement jusqu'à la mort. Or, comme à côté de chaque obligation, Dieu a déposé une grâce particulière c'est-à-dire une puissance divine qui aide à l'accomplir, le chrétien, en vertu de cette loi, communie, en quelque sorte, à ce sentiment divin qui arrachait des larmes brûlantes à Jésus-Christ, sur les égarements et la ruine prochaine de Jérusalem.

Si donc il est vrai que la valeur du soldat se mesure sur son amour pour la Patrie, et que d'ailleurs il possède cet amour à un degré supérieur, il s'en suit rigoureusement que le meilleur soldat est le soldat chrétien.

Soldat chrétien ! Vous êtes l'un et l'autre, Messieurs ; disciples du Christ et soldats de la France. Disciples du Christ, c'est-à-dire du fils de Dieu, du roi du ciel et de la terre ! Soldats de la France, c'est-à-dire de la Patrie la plus belle, la plus généreuse, la plus chevaleresque. Soyez-en fiers, et montrez-vous dignes de ce double honneur, en restant toujours fidèles à vos deux drapeaux, à la croix et à l'étendard du régiment.

II. — La croix et le drapeau ! Quelle analogie encore, entre ces deux choses sacrées entre toutes !

La croix est le signe du chrétien, l'emblème de la religion, le symbole de l'honneur chrétien.

Le drapeau est le signe du soldat, l'emblème de la Patrie, le symbole de l'honneur militaire.

« Pour bien savoir ce que c'est que le drapeau, écrit un vaillant capitaine, il faut avoir été soldat, il faut avoir passé la frontière et marché dans des chemins qui ne sont pas ceux de la France ; il faut avoir été éloigné du pays, sevré de toute parole qu'on a parlé depuis l'enfance ; il faut s'être dit, pendant les journées d'étapes et de fatigues, que tout ce qui reste de la Patrie absente, c'est ce lambeau de soie aux trois couleurs françaises, qui clapote là-bas au centre du bataillon ; il faut n'avoir eu, dans la fumée du combat, d'autre point de ralliement que ce morceau d'étoffe déchirée, pour comprendre, pour sentir tout ce que renferme dans ses plis, cette chose sacrée qu'on appelle le drapeau. »

Cela est vrai, Messieurs ; cependant j'affirme qu'il n'est pas nécessaire d'avoir été soldat pour ressentir de vibrantes émotions en présence du drapeau.

J'assistais naguère à cette fête brillante que vous avez eu la gracieuseté d'offrir aux habitants de notre cité. Comme tous les spectateurs, j'ai été émerveillé de tout ce que j'ai vu : comme tous, j'ai admiré l'habileté, l'agilité, la grâce des exécutants ; comme tous, j'ai applaudi de grand cœur aux vainqueurs de ces luttes pacifiques ; mais, ce qui m'a laissé le meilleur souvenir et produit en moi une émotion profonde, c'est le commencement et la fin de votre programme.

C'est cette charge brillante qui me rappelait les charges victorieuses des Chasseurs à Iéna, Eylau, Wagram, Austerlitz.

C'est particulièrement le « Salut à l'Étendard ». Ah ! Messieurs, qu'il est beau et touchant, dans sa simplicité, ce cérémonial des honneurs rendus au drapeau !

Je l'avoue tout bas, car il en coûte toujours à un homme d'avouer ces choses : En voyant apparaître ce symbole de vos vieilles gloires, j'ai senti une larme couler sur ma joue. Alors, plus que jamais j'ai compris, ce que renferme dans ses plis cette chose sacrée qu'on appelle le drapeau ; plus que jamais, j'ai compris son langage mystérieux ; j'ai entendu qu'il me disait : « Je suis la Patrie ; je suis le symbole de ses gloires ; c'est en combattant sous mes plis, que sont tombés tous ces vaillants du 16e Chasseurs, dans les champs de Wagram, Iéna, Eylau, Austerlitz et ailleurs.

La croix elle aussi, Messieurs, redit au chrétien un glorieux passé ; elle lui raconte de magnifiques victoires ; elle lui rappelle le Golgotha, le Colisée, les arènes sanglantes, les échafauds sublimes ; elle lui remet sous les yeux les triomphes de Jésus-Christ sur le péché, la mort et l'enfer ; elle lui montre, dans une gloire éclatante, l'Eglise toujours persécutée et toujours victorieuse ; elle fait revivre devant lui ces cohortes triomphantes de vierges, de confesseurs, d'apôtres et de martyrs qui ont mêlé la pourpre de leur sang à la pourpre du sang divin.

Aussi, partout où j'aperçois la croix, mon cœur de chrétien tressaille, comme mon cœur de Français en apercevant le drapeau de la France.

Messieurs, je conclus.

Vous êtes soldats : Ayez pour votre étendard, le plus profond respect, l'amour le plus chevaleresque, une fidélité à toute épreuve.

Respectez votre drapeau ! c'est-à-dire, rendez-lui pieusement les honneurs extérieurs que lui rendent les troupes, comme le salut et la présentation des armes.

Respectez votre drapeau surtout par la dignité de votre vie. Que rien, ni dans vos actes ni dans vos paroles, ne ternisse jamais l'honneur du corps dont ce drapeau porte fièrement le numéro.

Aimez votre drapeau ! c'est-à-dire soyez fiers d'être soldats et d'appartenir au 16ᵉ régiment de Chasseurs. Ah ! je le sais bien, vous avez au cœur d'autres amours qui vous font soupirer après le congé. Votre père, votre mère, vos amis d'enfance, les champs que vous cultiviez, le bœuf de l'étable, le chien gardien du foyer, le soleil du village, pleurent votre absence et désirent votre retour. Vous aussi, vous désirez les revoir ces êtres si chers. Désir légitime que Dieu ne réprouve pas. Mais que ce désir ne vous empêche pas d'aimer votre métier de soldat ! Associez dans un même amour et le pays natal et le régiment.

Soyez fidèles à votre drapeau ! Suivez-le partout où il vous conduira, aux combats, à la victoire, à la mort.

Vous êtes chrétiens ; respectez la croix en la saluant sur votre passage.

Surtout respectez la croix par la sainteté de votre conduite.

Aimez la croix, c'est-à-dire, soyez fiers d'être chrétiens. Aimez la croix comme on aime son blason et regardez votre titre de chrétien comme votre plus beau titre de noblesse.

Soyez fidèles à la croix. Ne rougissez jamais de vos croyances, arborez fièrement votre drapeau. N'ayez pas peur d'aller à l'église, de prendre de l'eau bénite, de vous agenouiller devant Dieu.

Messieurs, c'est un gros péché que de livrer son étendard à l'ennemi.

Vous le savez, lorsque dans une bataille, un régiment a perdu son drapeau, tout le régiment porte le deuil, et il ne lui est délivré un nouvel étendard que quand il en a pris un sur l'ennemi.

Or, céder au respect humain, applaudir aux contempteurs de sa foi, c'est livrer son drapeau.

Vous ne ferez point cela, Messieurs, et vous ne mettrez jamais le beau régiment du Christ dans la triste nécessité de porter le deuil, à cause de la perte de votre drapeau ; mais jusqu'à la mort, vous combattrez pour défendre l'étendard de Jésus-Christ, et l'étendard de la France.

III. — Prêtre et soldat ! Encore deux mots, Messieurs, qui à première vue semblent se repousser réciproquement, et toujours par suite de déplorables préjugés.

Il n'est peut-être point sur la terre, d'êtres qui se ressemblent autant que le prêtre et le soldat, et qui partant, en vertu de la loi des ressemblances, doivent se rapprocher davantage.

Tous deux, le prêtre et le soldat portent un uniforme, différent sans doute, mais, qui produit une impression identique et symbolise le caractère austère de leur mission.

Tous deux, le prêtre et le soldat, sont revêtus d'un

sacerdoce. Le soldat est le prêtre de l'honneur; le prêtre est le soldat de la croix et de la vérité.

Tous deux, le prêtre et le soldat, se dévouent avec abnégation et désintéressement. Ce n'est pas pour la solde, pas plus que pour le denier de l'autel, qu'ils se sacrifient l'un au salut des âmes. l'autre au salut de la patrie.

Pour le prêtre comme pour le soldat, le devoir est chose sacrée. Le soldat ne connaît que sa consigne : le prêtre n'obéit qu'à sa conscience.

Le prêtre dit : Il n'est pas permis. Le soldat crie : On ne passe pas.

Le soldat est le défenseur de l'ordre matériel, le prêtre le gardien de l'ordre moral.

Aussi l'ennemi du prêtre est l'ennemi du soldat. Plus d'armée, plus de sacerdoce, tel est son cri de guerre.

Le prêtre comme le soldat a sa hiérarchie, ses lois, sa discipline.

Le soldat comme le prêtre doit à ses chefs une obéissance dévouée, absolue et fidèle.

Le soldat est toujours prêt à verser son sang pour la Patrie ; le prêtre, lui aussi, expose à chaque instant sa vie : à l'ambulance, à l'hôpital, au chevet des malades et sur le champ de bataille.

En résumé, le prêtre et le soldat sont frères, frères par la discipline, frères par l'obéissance, frères par l'uniforme, frères par le sacerdoce, frères par le dévouement, frères par la vie et par la mort.

Aussi le soldat, quand il ne subit pas de mauvaises influences, recherche volontiers la compagnie du prêtre et d'instinct se rapproche de lui, comme pour y trouver un conseil et un appui.

Le prêtre, à son tour, chérit particulièrement le soldat qui en qualité de victime choisie pour l'holocauste aux jours des grands dangers, a un droit spécial à son affectueux dévouement.

Ce dévouement, jamais le prêtre ne le marchande au soldat. Voyez plutôt.

Que signifie la présence de ces prêtres vénérés à cette cérémonie qui est la vôtre, sinon un témoignage de sympathie à l'armée française et en particulier aux soldats de la garnison.

Voyez encore :

Le soldat ne peut pas rester constamment au quartier. Il faut qu'il sorte de temps en temps pour respirer un air plus pur. Où ira-t-il ? Il lui est impossible de flaner perpétuellement sur les boulevards ; sa maigre solde ne lui permet pas d'être toujours au cabaret. Le cabaret d'ailleurs n'est pas pour le soldat un séjour bien favorable. Sa famille n'est pas là. Etranger à la cité, il n'y compte pas d'amis et, du reste, il saurait être discret ? Où trouvera-t-il donc un asile pour se reposer et se réconforter ?

Messieurs, le dévouement du prêtre y a pourvu.

Presque toutes les villes de garnison ont vu s'élever cet *asile du soldat* ; presque partout *l'œuvre militaire paroissiale* a été créée, parfois au prix de grands sacrifices, je le sais et vous pouvez m'en croire.

Ici, comme ailleurs, cette œuvre existe. Elle est ouverte à tous les militaires, quelles que soient leur position, leurs opinions et leurs croyances.

La bienveillance la plus cordiale accueille le soldat qui vient frapper à la porte pour la première fois.

Après cet accueil, il peut se considérer comme chez lui ; désormais il est de la maison. Il entre sans sonner, il sort quand il veut, il lit, il écrit, il joue, il se promène quand il lui plaît.

De temps en temps l'aumônier l'aborde pour lui serrer la main et converser avec lui comme un ami avec son ami. Il lui parle de tout ce qui l'intéresse : de son cheval, de son fourniment, de sa théorie, des revues, des alertes, du service en campagne, de son clocher, de ses champs, de ses prairies, de son père, de sa mère, de ses frères, de ses sœurs, et (mon Dieu pourquoi pas ?) de toutes les affections pures et honnêtes qu'il a laissées là bas au pays. S'il plaît au soldat d'entrer en des confidences plus intimes, l'aumônier les accueille avec bonté et compassion, mais jamais il ne les provoque d'une manière indiscrète. Dans le domaine de la conscience, comme dans le service de Dieu, il aime la liberté et l'élan de la spontanéité.

Voilà, Messieurs, ce qu'en temps de paix l'aumônier est pour le soldat.

Et si jamais l'heure du sacrifice vient à sonner, l'aumônier, comme par le passé, accompagnera avec bonheur son frère le soldat, l'enfant de la France, pour courir avec lui les mêmes dangers, mêler sa prière à la sienne, l'exhorter à la vaillance, environner sa dernière heure de miséricorde et de pardon.

Il recueillera son dernier soupir, et après l'avoir baisé au front comme on baise les reliques d'un martyr, il lui rendra encore un dernier service, en écrivant à sa mère pour la consoler et lui dire : « Pauvre mère, votre fils n'est plus ; mais ne le pleurez pas comme ceux qui n'ont pas d'espérance ; car sa mort a été la mort d'un saint et d'un héros. »

Et maintenant, Messieurs, que j'ai achevé de vous parler, je vais continuer de parler à Dieu ; je vais lui dire : « O Dieu, bénissez la France, bénissez tous ses enfants ; faites cesser ces tristes divisions qui affaiblissent ses forces et réjouissent ses ennemis ; rendez-la victorieuse des nations coalisées. Bénissez l'armée française, bénissez en particulier ces soldats qui sont l'honneur de notre cité ; bénissez leurs familles ; bénissez ceux qui sont morts au champ d'honneur, et donnez-leur le repos éternel.

Bénissez-nous tous, et à tous donnez un jour la gloire de votre ciel.

Ainsi-soit-il.

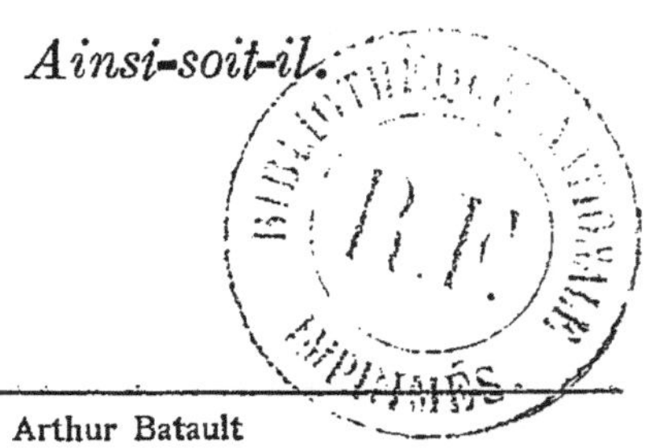

Beaune. — Imp. Arthur Batault